ブックレット新潟大学

# イギリスとアメリカ植民

## ―「黄金」と「キリスト教」―

高橋正平・高橋康浩

新潟日報事業社

# もくじ

# 序

イギリスがアメリカ・ヴァージニアの植民を始めたのは一五八五年にエリザベス女王がウォルター・ローリーにロアノーク島での植民許可を与えたときから始まります。この植民は数年後姿を消しますが、その後再びヴァージニア植民が動き出したのは一六〇六年でした。それはジェームズ一世から特許を受けたロンドン・ヴァージニア会社が行いました。

最初のヴァージニア植民への出航は一六〇六年十二月二十日でした。四ヵ月後一六〇七年四月二十六日三隻の船はチェサピーク湾の近くまで来て、ジェームズ川の島に上陸し、その島をジェームズ一世にちなんでジェームズタウンと名付けました。ちなみにヴァージニアも処女王（ヴァージン・クィーン）エリザベス女王に由来しています。ヴァージニアの植民の第一歩はこのジェームズタウンから始まりました。以後一六二四年に会社が解散するまでヴァージニア植民はヴァージニア会社によって行われました。

問題はヴァージニア植民の目的です。植民の目的については植民の実体と植民について書かれたさまざまな公的文書との間には大きな違いが見られます。ロンドン・ヴァージニア会社は、株式会社という会社の性格上植民地からの利益を目指します。ところが植民についての宣言書や現地からの報告書、説教ではキリスト教の普及を植民の第一の目的としています。

「利益」追求のヴァージニア植民を宗教的使命とすりかえるのに大きな役割を果たしたのが説教家でした。説教家は植民の実体に無知であったはずはありません。しかし彼らはすべて植民の使命をキリスト教普及、「神の国」建設としました。本書の前半では、ヴァージニア植民擁護の説教を通してどのように商業的植民が宗教的植民に変えられているかを見ていきます。

一六二〇年のピューリタンによる北米プリマス植民は、ヴァージニア植民とは著しく性質を異にしています。植民者はピルグリム・ファーザーズと呼ばれる熱心なキリスト教徒であるピューリタンたちでした。この人たちは、イギリス国内での自由な宗教活動ができないことに不満を抱き、新大陸アメリカで真の「神の国」の建設を目指したのです。彼らが目指した「神の国」とは、新約聖書に示されたような神を礼拝することが中心の素朴で敬虔《けいけん》なライフスタイルでした。

イギリス国教会のような儀礼化した形式的な宗教では、人生の真実の意味を問い続けるこの人たちの燃えるような宗教的情熱を満たすことはできなかったのです。彼らは精神的な深みを失ったイギリス国教会の宗教よりも、自分たちの乾いた魂が探求する生まれ変わった信仰を自由に表現したいと願っていました。それはこの人たちにとっては、まさに絶対者である神が、この人たちに命じた神聖な使命でありました。ですから、まさに命がけで未開の土地アメリカ大陸を目指したのです。

一方は商業目的による金もうけのための植民、他方は高潔な理想を建設しようとする宗教的使命感からなされた植民でした。同じイギリス人によるアメリカ植民であるのに、ヴァージニアとプリマスでは植民の実体が異なっています。

一方では現代の物質中心の資本主義の旗振り役としてのアメリカの原型はヴァージニアの植民地に見いだせるでしょう。他方では、ピューリタンの生活や思想の中には今日のアメリカ社会をひもとく鍵が見つけられるでしょう。本書で独立以前の植民地時代を概観し、アメリカ人の心のふるさとを訪ねることによって、アメリカを一層身近に感じることができればよいと思っています。

（高橋　正平・高橋　康浩）

# 第一章　ヴァージニア植民

## 1　ヴァージニア植民と「黄金」

ヴァージニア植民が本格的に動き出したころ、一般のイギリス人の間でヴァージニアはどのように見られていたのでしょうか。一六〇五年に『東行きだよーお！』という喜劇が出版されました。その中でヴァージニアは次のように書かれています。

いいか、あっち［ヴァージニア］ではな、こっち［イギリス］でとれる銅の量よりはるかに多い金がとれるのよ。…あのな、あっちではな、焼き肉の汁受けだって、おまるだって、みんな純金製よ。通りにある通行止めの鎖は金の塊で、つかまった囚人は金の足かせをはめられるってわけだ。

幾分誇張されていますが、金がありあまるほどあるヴァージニアが描かれています。翌年一六〇六年マイケル・ドレイトンはヴァージニア植民者を激励する詩を出版しました。彼にとってヴァージニアは「真珠」と「金」の土地、「地上唯一の楽園」でした。

海上では朗らかに
成功の夢に心踊る
真珠と黄金が手にはいるのだ
そして我々の土地
地上唯一の楽園、ヴァージニアを守るのだ

この劇と詩の中で描かれているヴァージニアは「金」であふれている土地です。あるいは伝説的な人物であるキャプテン・ジョン・スミスは「金を掘り、金を洗い、金を精錬し、金を積み荷するのだという夢のようなこと以外には何の話も、希望も、仕事もしなかった」と書きました。ヴァージニアと言えばすぐ思い出されるのは「金」でした。ロンドン・ヴァージニア会社がヴァージニアでの金の発掘に並々ならぬ興味を抱いていたことは船長クリストファー・ニューポートを見れば分かります。彼は一六〇六年十二月にロンドンを出航したスーザン・コンスタント号の船長でした。何と彼はヴァージニア会社からヴァージニアでの金の採掘を命じられていたのです。彼は翌年一六〇七年七月二十二日にイギリスに帰国しましたがその際ヴァージニアから岩石を持ち帰りました。ニューポートはその岩石には金が含まれていると思っていましたが、結局金は全く含まれていませんでした。ニューポートは持ち帰った岩は間違った岩石だと弁明し、必ず金をヴァージニアから持ってくることができると言い続けました。さらに一六〇八年から一六一〇年には金精錬者がイギリスからジェームズタウンに送られています。以上の劇や詩、植民者の言動は何を語っているのでしょうか。イギリス人はヴァージニアに行けばいくらでも金が取れると思っていたのです。ヴァージニア会社のそもそもの目的は金の採掘にありました。当時南米で採掘した金を満載したスペインの船がイギリス人に略奪されていました。おそらくイギリス人は南アメリカで金が取れるなら北アメリカでも金が取れないことはないと安易に考えていたのでしょう。ですからヴァージニア会社への投資家の狙いも当然投資からくるもうけでした。投資家は一獲千金を夢見ていたのです。ところが公式文書から見るヴァージニア植民はどうでしょうか。ジェームズ一世が発した一六〇六年の最初の特許状にはヴァージニア植民の目的は「神の知識と崇拝の暗闇と不幸な無知の中にいまだ住んでいる人々へキリスト教を布教」することと書かれています。第二特許状、最後の特許状でもキリスト教の布教と野蛮人インディアンの教化が植民の目的として挙げられています。ロンドン・ヴァージニア会社が出版した宣言書でも同様です。植民の目的は、異教徒へのキリスト教普及です。一般のイギリス人や植民者が抱いていたヴァージニア植民の動機と公式文書が書くヴァージニア植民の目的には大きな違いがあります。一方の動機は金もうけであり、他方の動機は異教徒のキリスト教への改宗です。ヴァージニア植民の全く異なる動機が浮かび上がってきます。そもそも植民を始めたロンドン・ヴァージニア会社は、投資家の投資から成り立っていた営利企業でした。一株は一二ポンド一〇シリングでした。株式を購入した投資家たちの目当ては植民からの「利益」でした。ところがヴァージニア植民は期待に反し困難を極め、期待していた金は全く発見されませんでした。寒さと飢えのためジェームズタウンは崩壊寸前でした。飢えをしのぐために人肉を食べたという記録もあるほどです。夫が妻を殺害し、その肉を食べたとの記述もあります。それでもヴァージニア会社は植民活動に執着しました。会社はヴァージニア植民からの報告書を次々と出版し、バラ色のヴァージニア植民を宣伝し続けました。ところが現地から帰国した人たちの話から植民の現状が徐々に明らかになってきました。現地での最大の問題はいかにしてインディアンと友好関係を結ぶか、いかにして食糧を確保するかでした。金どころではありません。ヴァージニア会社は苦境に追いやられました。植民熱が冷え、会社にとって最も重要な植民のための運転資金が不足し始めたのです。会社としては何とかしなければ会社は倒産してしまいます。そこで会社は一案を講じました。それは特許状や宣言書や報告書のように文書でヴァージニア植民を民衆に訴えるよりも、口頭で植民を宣伝する方法でした。それでロンドン・ヴァージニア会社は当時の名だたる説教家に植民推進・擁護の説教を依頼したのです。現在と違い当時はテレビ、ラジオ、新聞といったマスコミの手段はありませんでした。それだけに一般民衆への情報提供に大きな役割を果たしていたのは説教家でした。ヴァージニア会社から要請を受け、植民を宣伝した説教家は全部で八人いました。説教家は会社から要請されたわけですからどうしても植民を擁護しないわけにはいきません。そのために彼らがどうしたかというと徹底した聖書の利用でした。説教の題材に聖書の一節を選び、聖書を基にヴァージニア植民を擁護するという方法でした。聖書を利用しての説教とは具体的にどのような説教だったのでしょうか。以下八編の説教から四編を選び、説教家がどのようにしてヴァージニア植民を擁護しているかを見ることにします。

## 2　ヴァージニア植民と「説教」

### [1] ヴァージニア植民者とペテロ：ウィリアム・クラショーの説教

クラショーがヴァージニア植民擁護の説教を行ったのは一六〇九年二月二十一日でした。クラショーが説教に挙げた聖書の一節は「ルカ伝」からの次の一節でした。

しかし、私［イエス］はあなた［ペテロ］のために、信仰がなくならないように祈った。だから、あなたは立ち直ったら、兄弟たちを力づけてやりなさい。

クラショーはこの一節を取り上げ、ヴァージニア植民を雄弁に擁護・推進しました。クラショーは最初にヴァージニア植民の宗教的使命を明確に述べます。

……ヴァージニア植民の主な目的はヴァージニアにおけるイギリスキリスト教徒の教会の創設であり、その結果として悪魔から神への異教徒の改宗なのです。

さらにクラショーは、異教徒の改宗、福音の普及、イエス・キリストの王国の拡大がヴァージニア植民参加への動機とならなければ植民への参加は遺憾なことであると述べ、植民の宗教的性格を強く訴えます。それではクラショーの「ルカ伝」とヴァージニア植民との関係はどうなのでしょうか。キリストはペテロに対して行ったことを他人にも行えとペテロに言います。神の恩寵《おんちょう》のない状態から恩寵に満ちた状態への改宗はキリスト教徒にとっては最大の「事件」です。この「改宗」をクラショーはヴァージニア植民者に求めるのです。クラショーは、キリストがペテロに祈ったようにキリスト教に改宗するすべての人にもキリストは祈ってくれると言うのです。私たちには絶えずサタンの誘惑がありますが、キリストへの全面的な依存により、サタンと戦い、サタンに打ち克つことができるのです。救世主の愛情と摂理はいつも「あわれな人」を助けます。以上の解釈はヴァージニア植民者にとっては揺るぎのない激励となります。なぜならヴァージニア植民者は神の言葉を伝えに行くのであり、心の改宗を終えており、しかもキリストが絶えず味方として背後にいるからです。キリストを味方にすれば何事も失敗することはありえないのです。クラショーは、「ルカ伝」においてペテロへのキリストの祈りがあったように、ヴァージニア植民においてもサタンがいかに植民を妨害しようともキリストの祈りがある、と言います。この説教ではペテロがヴァージニア植民者となってきます。クラショーはこれ以上にも聖書のほかの個所にヴァージニア植民との類似を探そうとします。例えば、ヴァージニア植民は先住民のインディアンから言わせれば彼らの土地への侵入ですが、クラショーは、ヴァージニア入植は彼らの土地を奪うためではなく、彼らに霊的なものを与えるためであると言って、「コリントの信徒への手紙一」九章一一節を援用します。また、ヴァージニア植民者が最も懸念した植民者の数の少なさについては、クラショーは、多くの偉業はすべて少ない数から始まったと言い、エジプトにおけるイスラエル人の数の少なさを「申命記」や「出エジプト記」から引用します。クラショーは、ヴァージニア植民を聖書から援護した後で次のように「旧約聖書」のイスラエル人をヴァージニア植民者に適応します。

さてこの話は私たちが現在試みている事業［ヴァージニア植民］にいかにぴったりと類似していることでしょうか。……イスラエル人はカナンに住むように神から命令を受けました。私たちイギリス人はヴァージニアに住む許可を［神のごとき王ジェームズ一世から］得ています。イスラエル人は異教徒を殺すよう命令されました。私たちイギリス人は異教徒を殺すことを禁じられていますが彼らを改宗するよう命じられています。……彼らの土地［カナン］はミルクとみつが流れる豊かな土地でした。私たちのヴァージニアもまたカナンと同じくらい良いものまたは［カナンより］良いものであふれています。

ここでクラショーは「旧約聖書」のイスラエル人をヴァージニア植民者に、カナンをヴァージニアに適応していることが分かります。クラショーのヴァージニア植民擁護の根底にあるのは「旧約聖書」のイスラエル人の歴史であって、その歴史を反復しているのがヴァージニア植民者であるという考えでした。クラショーは植民の経済性について論じることはしません。クラショーは、インディアンにキリスト教を教え、彼らをキリスト教徒へ導くことこそがヴァージニア植民の目的であることを強調します。そのためにクラショーは最初に「ルカ伝」のイエスとペテロの関係をイエスとヴァージニア植民者の関係に移し、ヴァージニア植民者にはペテロへのイエスの祈りと同じ祈りがあることを主張します。後半ではカナンとヴァージニアの類似性を指摘し、神の後押しが絶えず見られるヴァージニア植民は必ずや繁栄することを力説します。クラショーにとってヴァージニア植民はカナンの地へのイスラエル人の移住と同じ移住なのです。

## ［2］ヴァージニア植民者とアブラハム：ウィリアム・シモンズの説教

ヴァージニア会社は宣言書や現地からの報告書を公表することにより人々の植民への不安を消そうと必死になっていた時期に、会社は植民が利益追求の世俗的な事業ではなく異教徒改宗の使命を果たすための宗教的な事業であると繰り返し言い続けました。会社は、ヴァージニア植民の宣伝活動の強化と植民の生き残りを説教家の雄弁に託したのです。ヴァージニア植民についての説教の主なテーマはヴァージニアにおけるキリスト教的使命でした。キリスト教的使命とはヴァージニアの先住民インディアンをキリスト教徒へ改宗させることでした。その大役を担った一人がシモンズでした。彼はヴァージニア植民を擁護する説教を一六〇九年四月二十五日、多くの名士、冒険商人、植民者を前にして行いました。その説教は、イギリス人は新世界という約束の地に定住するために神から任命されたという以後のヴァージニア説教のモデルとなった説教です。シモンズは説教で行ったことは聖書のヴァージニア植民への適応なのです。「適応」とは聖書のある事例を一七世紀の別の事例に当てはめることです。シモンズは、「創世記」一二章一―三節を取り上げ、聖書からヴァージニア植民を援護します。「創世記」一二章一―三節は、アブラハムが主の召命を受け、故郷ハランから未知の土地パレスチナ・カナンへの旅を記した個所です。それは以下のように書かれています。

主はアブラムに言われた。「あなたは生まれ故郷父の家を離れて私が示す地に行きなさい。私はあなたを大いなる国民にしあなたを祝福し、あなたの名をたかめる。祝福の源となるように。あなたを祝福する人を私は祝福し、あなたをのろう者を私はのろう。地上の氏族はすべてあなたによって祝福に入る。

この一節では、主によるアブラハム（聖書ではアブラムと書かれています）召命が書かれています。アブラハムは祖国、親族および父の家を離れ、彼は「彼には全くの未知の土地」を主から示されます。しかしなぜアブラハムは故郷を捨て、未知の土地へと旅立たねばならないのでしょうか。それは神からの四つの約束がアブラハムにあるからです。その四つの約束とは、⑴アブラハムを大いなる国民とする、⑵アブラハムへの祝福、⑶アブラハムの名を大きくする、⑷アブラハムを通して彼の家族、彼が住む人々への祝福が主から与えられる、です。これらの約束の実現のためにアブラハムは故国を捨て、カナンへと旅立ちます。アブラハムのカナンへの旅は主の意志を実現しようとするアブラハムの従順な信仰心の表れでした。アブラハム以外の人たちへの主の約束はどうなるのでしょうか。主はアブラハム同様ほかの人々をも祝福し、アブラハムの祝福と繁栄を求める人たちを繁栄させますが、逆にアブラハムに対してほかの感情を抱けば彼らには主からののろいが振りかかります。

シモンズが「創世記」を説教に取り上げた意図は容易に理解できるでしょう。私たちはシモンズの説教から聖書のヴァージニア植民への適応がどのようなものであるかを明確に知ることができます。「創世記」は以下のようにヴァージニア植民へ適応されます。アブラハムは神に召されて故郷を離れ、ユーフラテス河を越え、未知の土地カナンに向かいました。同じようにヴァージニア植民者も故郷イギリスを離れ、大西洋を渡り、未知の土地ヴァージニアへ向かいます。主がアブラハムに「大いなる国民」「祝福」「大いなる名前」を約束したように、ヴァージニア植民者も「大いなる国民」「祝福」「大いなる名前」を神から約束されます。アブラハムはカナンへ行くよう主から召命されたようにヴァージニア入植者もキリストを聞いたことのない異教徒に福音を広めるように神から召命されるのです。シモンズは次のように言います。

アブラムを別の土地へ呼んだ主は、また同じ主によりあなたたち［入植者］をキリストの名を決して聞いたことがなかった種族へ福音を伝えに行くように呼ぶのだということには、何ら疑いはありえないのです。

アブラハムをカナンへ召命した主はヴァージニア植民者をもまた召命します。植民の目的は福音を広めるためでしかもそれは神の召命によるのですから、人々はヴァージニアへ行かざるをえません。ヴァージニアへの植民を拒否する人は神への反逆者となります。アブラハムはイスラエル人の祖となった人物ですからヴァージニア植民者もまた新大陸アメリカの祖となります。「創世記」の記述が巧みにヴァージニア植民へ適応され、アブラハムの行動がヴァージニア植民者の行動へと重ね合わされます。一言で言えばヴァージニア植民者はアブラハムが「創世記」で行ったことを行っているにすぎないのです。シモンズは、信仰心の厚いアブラハムが主の召命により、未開の地カナンに向かい、そのカナンが以後のイスラエル人の繁栄の礎となったという記述に着目し、それをヴァージニア植民に適応しました。暗礁に乗りかかったヴァージニア植民をいかに立て直すかはヴァージニア会社にとっては死活問題でした。シモンズはこの説教によってイギリス国民の植民への気運を一気に盛り立てようとしたのです。アブラハムの主による召命によるカナンへの旅は植民者のヴァージニアへの旅のひな形なのです。

シモンズはさらにカナンとヴァージニアの関係について述べます。主の命令に従いアブラハムはカナンに旅立ちますが、植民者が向かうヴァージニアは「カナンの地」にも匹敵する「申し分のない土地で、実り豊かで気候からは喜びを得、魚や鳥は多量に取れる」豊饒の地なのです。シモンズは言葉を続けて「ここ［ヴァージニア］は「創世記」以上です。と言うのはもし私の数え方に間違いがなければ、この土地［ヴァージニア］は一回の収穫時に［イギリスの］五百倍もの収穫をもたらすのです。」とヴァージニアの豊饒を称賛します。カナンに匹敵する豊饒の地ヴァージニアはまた「ヴァージニアはエデンの園に似た土地」として称賛されます。ヴァージニアはシモンズにとって神が建設した第二のエデンなのです。シモンズは、カナンへのアブラハムの旅を植民者のヴァージニアへの旅に適応しますが、アブラハムの旅同様、植民事業が失敗することはありえません。シモンズは次のように言います。

さて主がアブラムに約束されたことは、主に対して同じ信仰と従順を持つすべての人たちにまた約束されたことです。ですから主からの祝福にあずかる者となるこの祝福は、神の命令により自ら生まれ故郷から出て行く人たちにもあるのです。

ヴァージニア植民者もアブラハム同様神への信仰と従順な気持ちを持てば、彼らには神からの約束が与えられます。そしてたとえヴァージニアに敵が現れても、その敵は神によってのろわれるのです。ヴァージニア植民に失敗はありえません。なぜならヴァージニアへ向かう者には神からの保証があるからです。

アブラハムは故郷を出て行きましたが、それは「神がアブラハムとその子孫によってやがては成しとげねばならないことを始めるため」です。アブラハムの使命は具体的には「すべての民が救いのためにキリストの福音を受け入れるため」の使命なのです。

アブラハムは明らかにヴァージニア植民者となります。植民者は神の代理として異邦の民に福音を教え、彼らを救済へと導くのです。シモンズは「創世記」一二章一―三節をヴァージニア植民に適応し、アブラハムが神から行うよう命令されたことと同じことをヴァージニア植民者は行うのだと言います。ヴァージニア植民者はアブラハム同様神からの召命によってヴァージニアへ行くのです。主の召命に応ずるアブラハムには主への揺るぎない信仰心と従順さがありました。それと同様ヴァージニア植民者にも神への不動の信仰と従順があるのです。何よりも植民者を奮い立たせる言葉は、ヴァージニア植民者は神から選ばれた者として神との特殊な関係を築く栄誉を与えられるということです。一六〇九年までのヴァージニア植民の実績は当初の植民関係者の期待を大きく裏切る結果となっていましたが、それは少しも悲しむべきことではないのです。植民者は神への不変の信仰と従順によって、そのような困難な状況を打開できるからです。幾多の困難は繁栄へ至る試練にすぎないのです。神は決して自ら選んだ者を見捨てることはしません。この説教ではアブラハムはヴァージニア植民者となり、植民者にとって行動の規範となります。未知の土地へ向かう植民者の背後にはアブラハムがおり、アブラハムの背後には神がいます。アブラハムはいわばヴァージニア植民者の原型なのです。それだけではありません。彼らを絶えず見守ってくれる神がいるのです。これは植民者のこれからの植民活動に計り知れない勇気と自信を与えることになります。

シモンズはクラショー同様、植民の利益については全く触れません。彼はヴァージニア植民をもっぱら宗教的使命を帯びた植民と位置づけ、聖書のアブラハムが行ったことと同じことをイギリス人は行うのだと聴衆に語ります。シモンズは、この説教の中であからさまに植民からは金もうけができるとは言えませんでした。この説教が聴衆をどれくらい満足させたかは知るよしもありません。きれいごとを言っているにすぎないという批判はあったでしょう。しかし、また、ヴァージニア植民者がアブラハムと同じことを行うのだというシモンズの熱弁に心動かされた人もいたことは確かです。人間の行動はただ物質的動機だけで行われるとは限りません。それには何か精神的理念が必要であることは言うまでもありません。シモンズの説教は理想的すぎる印象は避けられません。しかし、人間の行動の最終的なよりどころを宗教とし、アブラハムの行動をヴァージニア植民者と重ね合わせることによって植民者に精神的な安堵《あんど》の念を与えているのです。

## [3] サウロの落馬とヴァージニア植民者：ダニエル・プライスの説教

一六〇九年五月二十八日、プライスはヴァージニア植民批判者を強く非難し、ヴァージニア植民を称賛する説教を行いました。彼が選んだ聖書の一節は「使徒行伝」九章四節の「サウル、サウル、なぜ私を迫害するのか」でした。これはキリストの迫害者サウロの突然の回心を記した一節ですが、プライスはこの一節を通してヴァージニア植民を支援します。キリストを迫害してきたサウロが落馬を契機として突然キリスト教徒に改宗し、名前も聖パウロと変わりますが、この一節はヴァージニア植民といかなる関係にあるのでしょうか。プライスは最初サウロの回心について以下のように言います。

それ［サウロの落馬］は最も耐え難い落馬でした。しかし、これまでどんな人も経験したことのない幸せな落馬でした。それはサウロの落馬であると同時に、また彼が立ち上がるための落馬でもありました。［落馬は］彼の弔いでもあり、よみがえりでもありました。［落馬は］彼の埋葬でもあり新たな誕生でもありました。［落馬は］彼の死でもあり生き返りでもありました。

サウロの落馬は文字通り馬からの落下でした。しかし、そのおかげで彼はキリスト教に改宗したことを考えればその落馬は彼にとっては「最も幸福な落馬」であったのです。サウロは落馬によってキリスト迫害者からキリストの福音を広める人となったのです。この一節をヴァージニア植民批判者に適応するとどうなるでしょうか。キリストの迫害者サウロがキリスト教に改宗したように、ヴァージニア植民批判者もいつの日か突然植民賛同者になるのです。ヴァージニア植民批判者がサウロような「落馬」に似た出来事に出会うことにより、批判者は賛同者に変わるのです。「落馬」に似た出来事とは何でしょうか。植民批判者にとってそれはさまざまな肉体的・精神的な体験でしょう。人生における何かちょっとしたつまずき、それが人の人生を大きく変えていくのです。それをプライスは聴衆に訴えるのです。「使徒行伝」はキリスト教徒迫害者サウロがキリストの不思議な言動に心を奪われ、キリストの最も熱心な使徒となる様子を記述しています。プライスはそれをヴァージニア植民に適応し、ヴァージニア植民批判者を賛同者に変えます。ここではキリスト↓ヴァージニア植民者、サウロ↓植民批判者、となります。プライスにとってはヴァージニア植民に反対する人はキリスト迫害者にも匹敵する人なのです。ヴァージニア植民は神の栄光をインディアンに広め、魂の救済を目的とする宗教的使命を帯びた植民です。ですから、その植民を阻止する者はキリストを迫害したサウロと同じであるというのです。しかしサウロがキリスト迫害者からキリスト教徒へ回心したように、ヴァージニア植民批判者も植民賛同者に回心することが期待できるのです。植民に加わる人は言葉では言い表せない祝福を受けます。なぜならば多くを義へと変える人は永久に星のように輝くからです。プライスは「使徒行伝」の劇的なサウロの回心を説教のテーマとすることにより、ヴァージニア植民を批判する者がサウロのごとき人物になることを訴え、植民の擁護を熱っぽく説いているのです。

プライスの説教でも植民の「利益」については触れられません。植民を批判する者たちもいずれはサウロのように心を入れ替え、全面的に植民を支持するに至るのです。そしてサウロがパウロと名を変えたように植民批判者も植民賛同者と名をかえ、植民の推進に全力を尽くすことになるのです。しかもその植民はサウロがキリスト教の普及に奔走したように、キリスト教をヴァージニアに広めに行く植民なのです。サウロの「落馬」事件を通してプライスはヴァージニア植民の宗教的使命を聴衆に訴えるのです。

## ［4］福音伝道と利益：ジョン・ダンの説教

ダンがヴァージニア植民を擁護する説教を行ったのは一六二二年十一月十三日でした。一六二二年と言えば、ヴァージニア会社が植民活動を始めてから一六年が経ており、会社解散の二年前です。その年の三月にはインディアンによる入植者殺りく事件があり、三百四十七人の入植者が殺害されました。その事件はロンドンのヴァージニア会社関係者および一般人にとって大きな衝撃でした。ダンの説教はヴァージニア植民への熱意が急速に冷えつつあった時期の説教でした。ヴァージニア会社はあらためて会社の命運と植民への決意を説教家としてのダンの名声に託したのです。ダンはこれまでの説教家同様聖書を使いながら使徒的使命を植民者に課す一方で、会社の商業的活動をも論じ、ヴァージニア植民を擁護します。ダンが説教で取り上げた聖書はイエスが弟子たちへの約束と命令を記した以下の「使徒行伝」一章八節です。

あなた方の上に聖霊が降ると、あなた方は力を受ける。そして、エルサレムばかりでなく、ユダヤとサマリアの全土で、また、地の果てに至るまで、私の証人となる。

ダンの説教の目的は、この一節をヴァージニア植民に適応し、ヴァージニア会社および植民関係者の不安や懸念を追い払うことにあります。ヴァージニア会社という商業的性格の強い株式会社に投資家は自らの投資の還元を期待していたのであり、植民者も「地上の楽園」ヴァージニアでの経済的成功を夢見ていました。ところがダンは「利益」という会社の第一の目的を二次的に考え、会社にとっては「利益」ではなく、「福音伝道」がその主なる目的であることを強調します。そのためにダンがとった方法は使徒行伝の一節のヴァージニア植民への適応でした。この適応によれば植民者は「（使徒たちと）同じ舞台の役者」となり、使徒たちにとってこの世の果てが福音伝道の場であったと同様、植民者にとってもこの世の果て、ヴァージニアが彼らの舞台となります。そして植民者は「使徒たちの行い」を演じ、「暗闇の中に座っている異邦人に光となり、海を越えてキリストの名を運ぶ」ことが彼らの第一の任務となるのです。三月のヴァージニアでインディアンによる入植者殺りく事件のためにイギリス国内ではインディアンへの強硬な手段を訴える声が強くなっていましたが、ダンはむやみに反インディアン感情をあおることはしません。逆に、ダンは「使徒」としての使命をヴァージニア植民者に課し、彼らに「使徒たちの行いを演ぜよ」と述べ、植民者は使徒のような人になるべきであると言うのです。ダンは使徒行伝一章八節を巧みにヴァージニア植民者会社に適応し、植民者の使徒としての使命を明確にします。

ダンの説教の新しさはヴァージニア植民の物質的な利益について言及している点です。ダンは説教で取り上げた一章八節の前の七節にも触れ、物質的な成功を求めるヴァージニア会社投資家や植民者に警告を発します。一章七節でイエスの昇天の際に弟子たちが「主よ、イスラエルのために国を復興なさるのはこのときなのですか」と聞きますが、それに答えてイエスは「時期や場所は父が御自分の権威によって定めておられるのであって、あなた方の知る限りではない」と述べます。その後に冒頭の一節が続きます。ここではイスラエルの復興という世俗的な王国の建設をイエスに要求する弟子たちは、ヴァージニアでの経済的な繁栄、物質的な利益を期待する投資家、植民者となってきます。現世的な王国をせがむ弟子たちとそれに答えるイエスとの関係をダンは次のように述べます。

使徒たちは何かを求めましたが、それを手に入れることはできませんでした。使徒たちが求めるものはその「何か」ではなかったのです。……キリストは喜んで使徒たちが考えなかった何かを彼らに与えました。……しかしほかの何か、それよりもよい何かをあなた方は手に入れるでしょう。

「使徒たちが求めた何か」とはイスラエル王国の復興を指しますが、イエスはそれを使徒たちに約束はしませんでした。ヴァージニア植民者にとっては、使徒たちと同様に「福音伝道」こそ第一に考えるべきことであって、物質的な繁栄は考えるべきことではありません。イエスの弟子たちにとってはこの世の王国ではなく、神の国建設こそがその最終目標でした。同じように、ヴァージニア会社植民者も現世的王国、物質的繁栄をヴァージニアで求めるべきではないのです。異境における神の国の建設および異教徒のキリスト教への改宗こそがその第一の任務とならねばなりません。ダンは次のように言います。

この世界［ヴァージニア］の富や産物をあなた方の冒険に際して考えてはいけません、……もし私があなた方に富や産物を最初に与えないとしても……失望してはいけません。あなた方は神の最初の意図でないものを手にすることはないでしょう。今後それをあなた方に与えることが神の意図にありますが、あなた方はまだそれを手にすることはないのです。

ここでダンはヴァージニア植民から富とか産物を手に入れることを考えてはいけないと言います。現世の富とか利益は神の最初の意図にはないからです。ダンからすれば植民者は使徒的な使命と任務を携えてヴァージニアへ行くのです。ダンは会社の宗教的性格を意図的に浮かび上がらせ、投資家や植民者が切望していた物質的利益には触れないようにしています。「即座の利益」「急に裕福になる方法」「ヴァージニアからの多量のすべての望ましい産物」を考えてはいけないのです。自由な生活や富は地上の王国の特徴であるために、キリストの弟子たちはそのような王国を求めることはしなかったのです。だからヴァージニア植民者も自由や豊かさに代表される「地上の王国」をヴァージニアに求めるべきではないのです。

このようにダンは聖書をヴァージニア植民に適応しながら利益だけを考えている聴衆に対して植民の使徒的使命を明確にします。そして使徒としての使命をヴァージニアで果たすことを訴えます。投資家や植民者の目的は使徒同様福音の伝道と異教徒の改宗であるべきで、利益がその目的となってはいけません。ここまではこれまでの説教と変わりはありません。しかしながら、ヴァージニア会に対して「利益」を捨て、「福音」にのみ専念せよと説くことは商業的性格の強い会社の実情を考えると余りにも理想的すぎます。ダンの説教は非常に宗教的色彩の濃い伝道説教に見えますが、よく見てみると説教でダンは巧妙に「利益」の問題を扱っていることが分かるのです。しかも彼は「利益」を聴衆に確約しているのです。それは「使徒行伝」一章七節を利用しての確約なのです。それに触れてダンは次のように言います。

キリストがここで使徒たちに意図したことは何であれすぐには与えないでしょう。まだ与えないでしょう。神は確かにいつ行うかを約束することはないでしょう。神がいつ行うのかを知ることは私たちのあずかるところではないのです。

ここで「まだ与えはしない」という表現はダンの論理展開上極めて重要な語句となります。なぜなら神はすぐにはイスラエル王国の復興を約束はしませんが、それは「まだ約束はしない」からです。これは裏を返せばいずれは神はイスラエル王国の復興を実現してくれることを意味します。ただ神の約束が実現されるまでは時間がかかるだけなのです。例えばイスラエル王国が実現されるまで四千年を要したとダンは言います。神がゆっくりと時間をかけてイスラエル王国を地上に築き上げたようにヴァージニア会社も（いつかは分かりませんが）いずれは報われるときがきます。今はただキリストの教えを広めることに専念すればよいのです。そうすれば結果はいずれおのずと明らかになってくるのです。

しかしながらヴァージニア会社の株主となった聴衆の関心が「即座」の利益の還元にあることには変わりありません。ダンは決して即座の「利益」を否定はしません。それはやがては手に入るのだから何も心配する必要はないのです。それでは今すぐに手に入るものはないのでしょうか。聴衆が一番聴きたいのはまさにそれでしょう。ダンによれば使徒たちはこの世の王国を手にいれることはできませんでしたが、確実に手に入れたものがありました。それは何だったでしょうか。ヴァージニア植民によって手にするであろうすべてのものをあなた方は手にすることはないでしょう。……手にするであろうすべてのものをあなた方はまだ手にしていません。神はいつ行うか約束はしてくれません。……でもあなた方はいくつかのすばらしいものをすでに手にしています。……それはあなた方に降りかかる聖霊です。

確実に手に入るものは聖霊です。それは植民者に降りかかり、それによって彼らの良心は改められ、彼らは「力」を得ることになるのです。この「力」は必ずや手に入ります。なぜかと言えばイエスは弟子たちに向かって、聖霊が下るとき彼らは「力」を受けると「使徒行伝」で言っているからです。ではどうすれば聖霊はやってくるのでしょうか。それは「福音」を広めたいという熱意を自らの中に見いだしさえすればよいのです。その熱意が「人々の鉄の門をこじあける爆破火具」となり、神は人々の心に入っていくのです。神の栄光だけを考えれば聖霊は人を選ばず、誰にでもやってきます。聖霊などという霊的な存在に対して果たしてそれが実際にやってくるのかは利益目的の聴衆にはなはだ疑わしいところです。しかし、ダンは聖書を援用し、まず神の栄光を考えれば聖霊はやってくると断言し、聴衆を安心させます。聖霊によって良心が改められ、「力」を得ますが、一体それは何をする「力」なのでしょうか。それはキリストの証人となる「力」なのです。ダンが「使徒行伝」を引用しつつ聴衆に最も強く訴えたかったのは実はこの「キリストの証人」となることにほかならないのです。なぜなら使徒の使命は「福音伝道」であり、キリストの証人となることであるからです。ヴァージニアへ行く者にとって聖霊にまさる援護はありません。この聖霊によりいかに生命の危険、多くの困難、障害があろうとも植民者は神の僕となり、神の教えを広めることに専念できるのです。ダンにとって現世における究極目的はキリストの「証人」となることです。植民者はキリストの証人となって初めて経済的な繁栄も獲得できるのです。

ダンが説教を行った一六二二年はインディアン襲撃事件、会社の財政危機、会社内部での対立抗争などさまざまな悪条件が重なり、会社そのものが重大な危機に直面していた年でした。とりわけ、ヴァージニア会社への出資者を獲得するか否かは会社にとって文字通り死活問題で、会社は宝くじで運営資金を集め、植民者を募ってもいました。ヴァージニアでの経済的繁栄、成功は人々にとって植民に加わるべきか否かの重大な問題でした。ダンの説教から私たちは、ダンが「利益」や物質的繁栄を完全に否定しているのではないことを知りました。むしろ巧みな論理でダンはそれを聴衆に保証しているのです。とにかくキリストの証人になり、「福音伝道」に専念すれば「利益」はおのずから生じてくるのです。ダンはそれまでの説教家と異なり、植民の「利益」の問題も説教で扱いました。「利益」は今すぐには生じないかもしれないが、それは「まだ生じない」なのであって、いずれときがたてば必ずや生じるのです。イスラエル王国もその繁栄までは多くの時間を要しました。同じようにヴァージニア植民にも繁栄の道はまだ切り開かれはしませんが、いずれは繁栄の道は目の前に現れるのです。ダンは最初キリストの使徒としての使命をヴァージニア植民者に課し、植民はキリスト教の普及にあると断言します。それと同時にまた、聖書をうまく利用して、植民関係者が切望している「利益」の問題も巧みに処理しています。人々はただキリスト教をヴァージニアに広めたいという気持ちを抱けば、それでいいのです。そのとき聖霊が降りかかり、人々は「力」を得て、キリストの証人として未知の土地に行くことができるのです。ダンの説教にはヴァージニア植民の実体を知り尽くし、ヴァージニア会社だけでなく植民者をも喜ばせようとするしたたかな説教家の姿が垣間見られます。

## 3　むすび

ここまでヴァージニア植民について説教を行った説教家からクラショー、シモンズ、プライス、ダンを選び、各説教家がどのようにして植民を擁護しているかを見てきました。このほかにもヴァージニア植民を擁護する説教を行った説教家がいました。いずれの説教もヴァージニア植民における宗教的使命をその第一の目的とし、聖書を使ってヴァージニア植民を支持し、人々に植民活動に加わるよう説得しています。ヴァージニア植民はその初めから困難極まる植民でしたが、一般の投資家にとってヴァージニアは金が簡単に手に入ると思われていた夢の土地でした。しかし、その期待は裏切られ、ヴァージニアの金は夢の夢でした。ヴァージニア会社は、宣伝文書や真実を隠した現地からの報告書出版によって依然としてヴァージニア植民がイギリス人の夢をかなえてくれることを幾度も述べています。でもその宣伝活動にも限界がありました。それで会社が思いついたのが当時の名だたる説教家に植民擁護の説教をしてもらうことでした。説教家はすべてヴァージニア植民を世俗的な金もうけの対象としてよりは宗教的使命を担った植民としました。これが一六〇九年から一六二二年まで行われたヴァージニア植民擁護説教の共通テーマの一つでした。ヴァージニア植民への興味が薄れ、ヴァージニア会社そのものが倒産の危機にあった中で何が人々を奮い立たせ、もう一度ヴァージニア植民へと駆り立てることができたのでしょうか。それは人々の精神的支柱とも言うべく宗教のほかはありえません。物質的な世俗的な植民動機だけでは人々の心をいつまでも植民につなぎとめておくことはできないのです。逆に宗教的使命を植民の目的と置きかえれば、それは人々の情熱をいつまでも消さずにすむかもしれません。クラショーは、入植者は未開の地にキリストの名を広め、それによって彼らの名が永遠に後世に伝わると述べました。各説教家はキリスト教布教のテーマを述べるためにさかんに聖書を利用しました。歴史家のヒルは一六、一七世紀の宗教の果たす役割について「当時の人々が宗教を社会秩序とその秩序を守る国家権力の維持のために必要であると考えたことには、疑いの余地はありえない」と述べています。これは聖書が依然として社会に対して強い影響力を持っていたかを示しています。説教家は聖書をヴァージニア植民にあてはめ、ヴァージニア植民の原型を聖書に求め、植民者を説得しようとしました。ヴァージニア植民者が行おうとしていることが聖書にも見られる、この指摘は一般の人々に揺るぎない大きな自信と勇気を与えたことでしょう。ヴァージニア植民のそもそもの発端は営利企業ロンドン・ヴァージニア会社が主導権を握った植民でした。会社への投資家、ヴァージニア入植者、彼らを植民へ駆り立てたのは投資から得られる「利益」、植民地での経済的成功以外の何物でもありませんでした。彼らはヴァージニアにもう一つのメキシコ、ペルーを見つけたかったし、コルテスやピサロの宿命にあずかりたいと思っていたのです。ヴァージニアはエル・ドラード（黄金の国）でした。しかし、ヴァージニアからは「金」は発見されず、利益の対象は木材とたばこに取って代わられていきます。このような植民の実態を考えると植民擁護の説教は奇異な印象を与えずにはおられません。説教家たちは植民の実態を知っていたでしょう。それにもかかわらず彼らは、植民は利益を目指すのではなく、キリスト教を教え広めることが植民の本来の目的であると何度も何度も繰り返しました。これはなぜでしょうか。理由の一つは中南米におけるスペインです。スペインはやはりカトリック教を教え広めるという口実の下で中南米での植民を進め、金銀採掘に奔走し、現地人を搾取、殺害と蛮行のあらん限りを尽くしました。そのニュースはイギリスにも伝わっていました。イギリスは中南米におけるスペインのような植民をヴァージニアで行わないとヨーロッパ諸国に訴えたかったのです。説教家と言えば社会のオピニオン・リーダーのような存在です。説教家は率先してヴァージニアへ金もうけに行きましょうとは言えません。彼らには植民の大義名分が必要だったのです。南北アメリカをめぐる植民は熱を帯びていました。プロテスタントイギリスはカトリック大国スペインに後れをとることは許されません。どうしても北米ヴァージニアだけは死守したい、そんな思いもあったでしょう。南米には金銀が多量に取れました。ならば北米にも金銀はあるはずだ、ヴァージニア会社は安易にそう考えたに違いありません。ですから国王から特許をもらい、一般の投資家を巻き込んで、ヴァージニア植民への夢をふくらませたのです。しかし、社会的地位の高い説教家はまともに「利益」を得るための植民を人々に勧めるわけにはいきません。それで彼らはキリスト教国の確立という遠大な理想を植民の目的として掲げたのです。おそらく説教の聴衆のほとんどは説教を聞いたあとで不思議な気持ちに追いやられたでしょう。なぜなら説教の内容と彼らの考えには大きな違いがあったからです。誰もキリスト教を広めるためにヴァージニアへ行くなどとは思いも寄らないでしょう。ヴァージニア会社は一六二四年にあえなく解散に追いやられますが、その後のヴァージニア植民の歴史を見るとヴァージニア植民者が幾多の困難を克服し、現在のアメリカの基礎を築き上げていった背景には経済的動機よりも宗教的な熱意が果たした役割が大きかったと言えるでしょう。その意味ではヴァージニア植民擁護の説教は荒唐無稽《むけい》な、的はずれな説教であったなどとは言えず、ヴァージニア植民の遠い未来を予測する説教であったと言えるかもしれません。

## 参考文献


William Crashaw: *A Sermon Preached in London* (London, 1610)

James Horn: *A Land as God Made It Jamestown and the Birth of America* (New York: Basic Books)

G. R. Potter and E. M. Simpson, eds. *The Sermons of John Donne* (Berkeley: University of California Press, 1953-62), Vol.Ⅲ.

Daniel Price: *Savls Prohibition Staide. Or The Apprehension, and Examination of Savle* (London, 1609)

David A. Price: *Love and Hate John Smith, Pocahontas, and the Start of a New Nation* (New York: Vintage Books, 2005)

John Smith: *The Generall Historie of Virginia, New-England, and the Summers Isles* (Ann Arbor: University Microfilms, Inc., 1966)

William Symonds: *A Sermon Preached at White-Chapel* (London, 1609)

L. B. Wright: *Religion and Empire The Alliance between Piety and Commerce in English Expansion 1558-1625* (New York: Octagon Books, 1965)

"A Declaration of the State of the Colonie in Virginia...." (rep. Da Capo Press: Amsterdam: 1973)

*The Three Charters of The Virginia Company of London with Seven Related Documents; 1606-1621* with an Introduction by Samuel M. Bemiss (Virginia: The Virginia 350th Anniversary Corporation, 1957)

"A true and sincere declaration of the purpose and ends of the plantation begun in Virginia..." (London, 1610)

"A True Declaration of the Estate of the Colonie in Virginia..." (London. 1610)
G. チャップマン、B. ジョンソン、J. マーストン　大井邦雄訳『東行きだよーお！』(東京：早稲田大学出版部、1989)
クリストファー・ヒル　小野功生訳『十七世紀イギリス人の宗教と政治』(東京：法政大学出版局、1995)
P. ヒューム『征服の修辞学』(東京：法政大学出版局、1995)
サムエル・モリソン『アメリカの歴史Ｉ』(東京：集英社、1971)
『聖書』(東京：日本聖書教会、1992)

# 第二章　ニューイングランドのピューリタニズム

アメリカ合衆国の成り立ちと今日のアメリカ国民の性格を考えるときに、必ず振り返らなくてはならないのは、一六二〇年にメイフラワー号に乗って、新大陸に渡ってきたピルグリム・ファーザーズ（巡礼始祖）と呼ばれるキリスト教徒の物語です。この全長九〇フィート、幅二五フィート、最大積載量一八〇トンの小さな船には百人あまりの乗客と三十人ほどの船員が乗っていました。この小さな集団の人々が、その後のアメリカの歴史に多大な影響を与えました。そして、政治、経済、文化の諸領域において、今でもなお指導的役割を果たしているこの超大国の国民性が、ピューリタンの精神を受け継いでいると指摘する学者もいます。それでは、アメリカ人の心の根幹にあるピューリタニズムとはどのような精神であり、アメリカ以外の国々の人々に何を訴えようとしているのでしょうか。これらの問いかけに答えようとするときに、アメリカとアメリカ人がさらに身近な存在として感じられるようになると思います。

ここで問われることは、冒頭でも述べたように現代の自由民主主義社会の先駆けとなった人々と、その生活様式、ならびに、それらの根本にある知恵、信仰、思想などのもろもろの価値に今一度立ち戻って考える必要があるということです。なぜなら、ピューリタンの生活や思想の中に、今日のアメリカ社会ばかりでなく、日本を含む現代民主主義社会の抱えている心の問題を取り扱うきっかけがあるように思えるからです。アメリカにたどりついた初代のピューリタンたちの姿について、振り返ってみたいと思います。

## 1　メイフラワー号の人々

一七世紀の初めに、イギリスのヨークシャー地方にウィリアム・ブラッドフォードというとてもまじめな少年がおりました。彼は幼少のころ農業を営む父親を亡くし、母親は再婚して、彼のもとを去ったので祖父と叔父とともに暮らしていました。彼は正式な教育は受けなかったのですが、どうにかして読み書きを覚えて、十二歳のころから聖書に親しむようになります。多感な青春時代に聖書に接しながら、ウィリアムはリチャード・クリフトンというピューリタンの牧師から、聖書はキリスト教の唯一の真理の源泉であるばかりでなく、人生についての最高の指導書であることを学びます。クリフトン牧師は、ローマカトリック教とプロテスタントの中間にあるようなイギリス国教会のキリスト教には、本当の魂は宿ってはいないのだと熱弁して、ウィリアムたち聴衆の関心を引き付けました。やがて、心の通う者たちだけが秘密の集会を開いて、礼拝を持つようになります。当時このような秘密の集会を開催することは、危険なことであり反逆罪に問われて、処刑されても仕方なかったのです。彼らはウィリアム・ブリュースターという人の屋敷にて集まりを持っていました。彼らの集まりが後のピルグリム・ファーザーズと呼ばれるメイフラワー号のピューリタンたちの始まりです。

ではなぜ、この人たちは命の危険まで冒しながら、このような秘密結社を持とうとしたのでしょうか。そしてまた、大変な苦労をしてまで祖国を捨て、最初はオランダに、ついには数々の困難が待ち受けているアメリカ大陸に渡ったのでしょうか。その理由は、彼らの心の底からの熱い思いは、自分たちの思うように神を礼拝することができるようなコミュニティー、それはまた新約聖書に即した生活ができるような場所をどうしても見つけたかったからなのです。そのためには中途半端な妥協は許されなかったのです。彼らにとっては、純粋なキリスト教信仰を追求し、それを守り抜くためには、礼拝のあり方、すなわち教会の成り立ちと、その運営のあり方が究極的に重要な関心事であったのです。彼らは強い信念を持っていました。教会はそれまでの慣習や伝統によって、運営されるべきではなく、新約聖書本来の立場に従って、建て直されなくてはならない。その意味することは、司教などの聖職者、洗礼式と聖餐式を除く秘蹟《ひせき》、公式の祈祷《きとう》書、儀式、祭壇、ろうそく、オルガン、お香などは、いっさい必要がないということ、それぞれの教会は独立しなければならず、牧師や長老たちはそれぞれの集会で選抜されなくてはならないこと、日曜日の礼拝は、聖書朗読、説教、そのときそのときの祈祷、つまりは日曜日ごとにお決まりの祈祷を繰り返すのでなく、生きた神へ新たな祈りをささげることからのみ成り立つべきであること、これらがどうしても譲ることのできない教会生活のあり方だったのです。

ブラッドフォードは、『プリマス植民地について』という回顧録の中で、このようなイギリス国教会との確執を大いに嘆き、それは悪魔の仕業とまで述べています。なぜならこの信仰の表現形式をめぐる争いは、同じキリスト教徒同志の分裂を意味するからです。

醜い言い争い、不平不満、分裂とそのほかの恐ろしい混乱だけでなく、悪魔は機会をとらえて、それを利用して、さまざまな悪い儀式と数多くの教会法、回勅《かいちょく》などを押し付けようとした。それらは今日に至るまで、多くの貧しく平安のうちにある魂にはわなとなっているのである。であるから、古代と同じく、異教徒やその皇帝たちによる迫害よりは、キリスト者同士の反目がもっと重大なのである。

一方は、人間の発明した不純物のない、福音の単純さに従って、教会の中で神を正しく礼拝し、キリストの鍛錬を行う場所を築き上げ、神の言葉の法によって支配されるように、すなわち、牧師、教師、長老などの指導者たちは、聖書に従って、涵養《かんよう》されるように働いた。他方は、多くの虚飾と装いにより、(教皇のようなやり方で)強大な権力と司法権を伴う司教制度の権威を保持しようともくろんだ。その権威は、あらゆる裁判所、教会法、儀式とともに、財産、収入源、従属的な官吏を有して、そのほかの反キリスト的な巨大さを公式に支えた手段とあわせて、神の貧しい召し使いたちを迫害する専制君主の権力を行使したのである。

彼のこの言葉には、信者たちの生活には形骸《けいがい》化した儀式ばかりの権威主義的宗教は必要ではなく、ただ唯一の権威は聖書だけであるとする素朴で単純な信仰が表明されています。国教会のことを「反キリスト的」と断罪しています。それに対して国教会側の人々は、彼らをあざけりました。あまりも純粋に信仰心を求め続けたために、ピューリタンと名づけて、ばかにしてはやし立てたのです。この名称を彼らは好みませんでしたが、次第に仕方なく受け入れるようになりました。そうこうしているうちに、状況はますます悪くなってきました。迫害が激しくなってきたのです。彼らは私財を投げ打って、宗教的に寛容な政策を掲げているオランダに逃れることに決めました。そういっても、それを実行することは、たやすいことではありませんでした。なぜなら、渡航するためにはパスポートが必要であり、反逆者と見なされるものには発行されなかったからです。ですから、彼らは密航することになったのです。いくつかのグループに分かれて何度か失敗を繰り返しながらも、一六〇八年の夏の終わりごろまでには、百二十五人の人々がオランダに渡ったのです。

オランダでの暮らしは順調でした。オランダの人々は快く彼らを迎えてくれましたし、ささやかながらも、生活の糧を得ることができました。一六一五年までには、彼らの教会は二百五十人までに増えました。彼らは貧しかったのですが、その土地の人々から尊敬されていました。にもかかわらず、彼らは、この平穏でささやかな幸せに満足はできませんでした。それはこの土地にとどまっていても、将来がないと思うようになったからです。

オランダでの生活に大きな文化的ギャップを感じた彼らは苦しみました。このような悲観的な状況の中で、彼らはさらなる大きな希望を抱き始めます。地球上のさらにどこか遠く離れたところで、新約聖書に即した理想の生活を送りたい、そして、イエス・キリストの福音を述べ伝え、志を同じくする人々と共に暮らしたい。ではどこに行けばよいのか。スペイン人が侵略した南アメリカはとても恐ろしい土地であるとの認識がありました。スペイン人の残酷さや土地のインディアンの野蛮さが噂になっていました。やはりすでにイギリス人によって開拓されつつあったヴァージニア植民地はどうか。ヴァージニア植民地に行けば、彼らの究極の目標である自由な信仰生活は保障されるのか。これが大きな課題でした。教会員で討議した結果、ブラッドフォード、ブリュースターを始めとする約半数の人々が新大陸に渡る決意を固めました。彼らは堕落した国教会には嫌悪感を抱いていましたが、イギリス国王には、いまだ忠誠心を持っていました。オランダに逃れたピューリタンのうち、このアメリカ行きを決断した人々が、ピルグリム・ファーザーズと呼ばれるのです。彼は以下のように回顧します。

答えは出された。あらゆる偉大な名誉ある行為というものは、大いなる困難が伴うし、それに見合う勇気によって企図され、克服されなくてはならない。危険は大きいが、絶望的なものではないことは確かであった。困難も多いが、乗り越えられないものではなかった。（中略）確かにそのような試みは、多くの者たちが好奇心や利欲にかられて性急に軽薄になしたのとは違い、善良な根本的理由なしにはなされえなかった。しかし、彼らの置かれた状況はただならぬものであり、その目的は善良で名誉あるものであり、神のお導きは正しく、切迫していた。それゆえ、彼らは前途に神の祝福を予期していた。たとえその行為によって命を失うことがあろうとも、彼らは同じように慰めを受け、その努力には名誉が与えられるだろう。

こうしてブラッドフォードたちは神の特別な導きを信じて、新大陸への命がけの旅立ちを決意しました。ここでひとつ重要な問題が生ずることになります。それは移住にあたっての財政上の困難から由来するものでした。ピルグリムズはとても貧しく、移住にあたっての十分な資金を持ってなかったことで、この計画を支援してくれるパトロンを必要としました。そこでロンドンの投資家トマス・ウェストンという人が名乗りをあげました。一九歳以上の移住者は一〇ポンドの価値を持つ者として、投資に応ずるのですが、植民を確実に成功させて、うまく金もうけするためにも、ウェストンはキリスト教の信仰などとは全く関係ない、よそ者たちを移住者として加えるようにピルグリムズに要求しました。これはやっかいなことで、できる限り避けたかったのですが、お金のないピルグリムズは仕方なく受け入れざるを得なかったのです。よそ者たちの存在はやがてさまざまな難問を噴出させることになります。

さて周到な準備の上で、また度重なるトラブルを乗り越えて、ブラッドフォードたちは一六二〇年九月にイギリスのプリマスから船出しました。航海はやがて大西洋の嵐に翻弄《ほんろう》され、ひどい船酔いと船内の衛生状態の悪化のため死者も出ました。素行などに問題のあるよそ者を乗船させた結果、女性などに暴言をはき、やたらとからむ船内の秩序を乱す者も出て、六十六日間に及ぶ苦難の航海でした。この厄介者は航海の途中で急死しました。信仰者たちは神罰が下ったのだとして神の権威をおそれました。

## 2　プリマス植民地の生活

一六二〇年十一月九日、メイフラワー号はマサチューセッツ湾のケープコッドに到着しました。当初の目的地、ヴァージニアのハドソン川は、さらに数百マイル南下しなくてはならなかったのですが、潮流に逆らって進まなくてはならず、冬の到来も近いので、彼らはここに上陸して、探検することにしました。船には女性や子供たちもいて、その疲労は極限に達していたからです。男たちはマスカット銃で武装して、上陸しました。そして、大地にひざまずいて、これまでの旅路の導きに対して神に感謝の祈りをささげました。

ここで上陸に際して、ある重要な出来事が起こります。船員を除く乗客のすべてはピルグリムズのような熱心なキリスト教徒ではありませんでした。いわば宗教心などには全く関心のない俗物のような人間もいて、その中には未開の土地に上陸するにあたって、何の束縛もない、無法状態を喜ぶ者も出てきたのです。これを憂慮したピルグリムズは、この土地に定住する者のおきてを定めようとしました。これが有名なメイフラワー協約です。この協約は、移住者たちの生活にきちんとした秩序を作り出そうとする努力のたまものでした。乗客たちは、「主権者であるジェームズ国王の忠実な臣下なのであり、植民に従事するにあたって、契約を結び、よりよき秩序と保護のために、市民政治体の中に結合する」。そして、選挙によって選ばれた行政官と、彼ら自身によって制定された法に「正しく服従する」ことを約束したのです。協約の締結がなされたのちに、署名者たちは、ジョン・カーバーという人を知事に選びました。この協約は後に有名なピューリタンの指導者であるジョン・ウィンスロップが総督となるマサチューセッツ湾植民地政府の土台となる基本理念となりました。

マサチューセッツ湾植民地は、プリマス植民地建設後にできたもので、ピルグリムズとは異なり、ウィンスロップたちは、初めから新大陸に理想の神の国を建設する強い使命を帯びて、十分な私財とともにやってきた強烈な同士集団でした。ゆえによそ者に気を使う必要はなかったのです。

さて話を元に戻します。上陸した男たちによる探検と開拓は進みました。十二月には疫病によって遺棄されたインディアンの集落に落ち着くことになり、ここが最初のプリマス植民地となりました。ゼロからのスタートで最初の冬を越すことは多くの犠牲を伴いました。一六二一年の春までにはおよそ半数の人々が亡くなりました。三つの家族は全員が死亡するという悲運に見舞われましたし、妻を亡くした夫も多くいました。この厳しい状況の中でも、彼らは家を建てたり、狩猟に出掛けたり、インディアンを見張ったりして、未開の土地でたくましく生きようとしました。

ここでその後のアメリカ史にも大きな影響を与えることになるある出来事が起こります。それはインディアンとの出会いです。アメリカは多民族国家であることは、周知の事実でありますが、イギリスを始めヨーロッパの諸民族がこの大陸にやってくる前に、先住民族が住んでいました。その中の一部族との接触が起こったのです。ピルグリムズの集落に一人のインディアンが現れました。彼の名前はサマセットといい、英語を話すことができました。度々訪れるイギリス人漁民と仲良くなっていて、彼らから英語を教わっていたのです。"Welcome, Englishmen!"と、腰巻きしか身につけていないサマセットはピルグリムたちに呼びかけました。彼の訪問をきっかけにして、交流は拡大し、インディアンはピルグリムにこの土地で生活していくためのあらゆる有益な情報を教えました。そして、この年の秋に訪問してくれたインディアンたちにこれまでの助力への感謝をこめて、最初の感謝祭の食宴を開きました。アメリカ社会がさまざまな移民による多文化から構成されており、互いの交流が社会発展の原動力となっていることとの歴史的原点が、ここにあると思います。

さて、人口の増加と植民地の発展に伴い、政治体制も改変する必要になり、一六三六年には新しい基本法が制定されました。植民地の憲法であり、アメリカ最初の権利章典といわれています。権利章典とは基本的人権について定めた法のことをいうもので、憲法の中でも最も重要な部分にあたります。以下に、その基本権の内容を紹介しましょう。

一、自由民の団体の同意なしに、いかなる法も制定されることはなく、また課税されることもない。

二、自由民により、総督、副総督を毎年一回の選挙にて選出する。

三、いかなる人間も、平等で公正な裁判を受ける権利を有する。

四、いかなる人間も、植民地以外の法によって、あるいは英国のコモンロー以外の法によって、その事例がプリマスの法にて該当しない場合は、生命、身体、自由、名誉、地位に関する罰則を受けない。いかなる人間も、以前述べたことで、法の適正な手続きによってもたらされた自白によらないものならば、処罰されない。

五、あらゆる被疑者は、十二人の善良で法を守る人々の陪審による裁判を受けることを保障される。被告は陪審団が構成される前に、どの陪審員に対しても異議申し立てをすることが保障されている。

六、いかなる人間も、少なくとも二人の目撃者、あるいは十分な状況証拠がなければ訴追されて、判決を受けることはない。

七、二十一歳以上のあらゆる精神の正常な人間は、自らの意思で財産を処分できる。

八、組合派の教会は、保護され、奨励されなくてはならない。それぞれの町は牧師を手配しなくてはならない。

一七世紀の時代に、アメリカ大陸の東海岸にて、小さな人々の群れが現代民主主義社会の礎ともなる根本法を制定し、基本的人権を尊重し、萌芽的な民主主義を実践していたことに驚かざるを得ません。無論、この政治体制が現代の民主主義と全く同一であるわけではありません。選挙権を行使できる自由民は、すべて成人男性であり、女性は含まれていませんでした。全構成員の中でも過半数に満たない人々でした。使用人を経験した人などは議会には参加できても、指導者にはほとんどなれませんでした。しかしブラッドフォードをはじめとする執政者たちは、選挙した自由人の意思に従って政治を行い、自らの意思を押し付けることはしませんでした。そのために再選されることもよくありました。七十二年間の植民地の歴史の中で六人の知事が交代したので、その統治は比較的うまくいっていたと言えるのでしょう。その秘訣《ひけつ》は、ピューリタンのキリスト教信仰に基づいて、弱者、貧者をよく保護したからです。民主主義が安定した発展を遂げるためには、強力な中産者の存在が必要です。貧富の差が拡大すると、民主的社会は崩壊し、独裁的な政権が現れます。ですから中産者の存在と、そのあり方がとても重要なのです。その中産者の代表ともいうべき家長ともなる人物は、使用人を抱えていましたが、使用人たちに適切な衣食住を提供することが義務でしたし、家族同様に読み書きと信仰箇条についても教えることが要求されました。それを怠ると法的に罰せられたのです。孤児となってしまった子供は、ほかの家族で使用人として暮らすことになっていました。タウンのほうでも障害を負って働けなくなった人、そのほかの貧者のために、一時的に税金を引き上げて財政支援を行い、なるべく落ちこぼれる人が出ないように配慮しました。

それではここで、政治のほかにピルグリムズの暮らしと経済について見てみましょう。ピルグリムズは、新大陸にやって来て、念願であった広い土地を得ることができました。ここで最初にインディアンにトウモロコシを栽培することを教わりました。トウモロコシは、食用としてだけでなく、ビールもつくることができ、家畜の飼料としても使えるので重宝しました。さらに、リンゴを主として、ナシ、プラムなどを植えて果樹園をつくりました。それから牛の放牧が始まりました。本国のイギリス人やオランダ人との交易において重要な商品でした。乳製品にしろ、肉にしろ、皮製品にしろ、また耕作のための道具としても、すべてに役に立つ万能選手でした。一頭の牛が庭付きの家に相当する値段で取引されることもありました。ですから家族同然に大切に扱われ、遺言状にも記載されるほどの、とにかく貴重な財産でした。またこの地域は、魚介類も豊富であり、クラムチャウダーで有名な貝やタラやカレイなどが獲れました。このようにしてピルグリムズは、ニューイングランドの自然の恩恵を受けることができました。

## 3　苦しみの宗教としてのピューリタニズム

これまで見てきたように、メイフラワー号による移住以前からピューリタンたちは信仰の問題で深く思い悩み、苦しんできました。それまでのイギリス国教会の説くキリスト教信仰には生命が宿っていないと感じた人々は、集まって本当の信仰とは何かを必死に追い求めようとしました。正真正銘のキリスト教信仰とは何か。それが彼らの切実な問いかけでした。その問いかけの根本にあるのは、ピューリタンたちによく見られる深い罪意識です。ここでは罪に煩もんするピューリタン一人一人の声に耳を傾けていきましょう。先ほども紹介したマサチューセッツ植民地の初代総督であったジョン・ウィンスロップもこのような罪深い意識を持っていました。罪の内容について具体的には述べてはいないものの、彼は子供のころにあらゆる罪を犯したと告白しています。ところが十歳になったとき神についての知識を得て、震えるくらい恐ろしくなり、神に祈りだしたといいます。そして得られた答えは、神は自分を愛してくれているというものでした。十四歳のとき、ケンブリッジ大学に入学したころ、彼は高熱にうなされるようになり、健康を失い、神にますます祈るようになったのですが、健康を回復すると神のことを忘れて、世俗的な享楽にふけり始めたそうです。十八歳のころ結婚したときに、妻の家族がある有力な牧師の指導する教会の構成員であったために、この牧師の影響を受けて彼もさらに信仰の世界に踏み込むことになりました。この牧師の語る神の言葉によって強く影響を受けて、彼の良心が強く働くようになりました。しかしながら、依然として肉の欲望も復活して、増長しました。ウィンスロップは、自分の心のうちに腐りきったものがとどまっていることに気が付いて苦しみます。彼は神が罪に満ちた自分を罰するのではとおびえることはなかったのですが、神の救済について確信が持てませんでした。こんなに汚らしい心の持ち主であっても、果たして神は救ってくださるのかという確信が持てず、そう思うたびにますます憔悴《しょうすい》していきました。体調が悪くなりひきつけもしばしば起こしたといいます。このように心の中で激しく格闘しながらも、次第に神の霊が自分をとらえているのを感じるようになっていきました。そして最終的には神のふところで平和な気持ちで安らぐようになったといいます。『キリスト教的体験』と題されるこの手記にはウィンスロップの心の旅路がこのように語られているのです。

それでは次に一般の平信徒たちの信仰告白を見てみましょう。名もない平信徒たちもウィンスロップのような罪の意識にさいなまれていて、そこから脱出しようと激しくもがいています。ウィリアム・アンドリューという人は、信仰心の篤い両親のもとで育ち、多くの敬虔なピューリタンの人々に囲まれていました。それらの人々との交わりを通じて、神についての知識を得るとますますいっそう罪の意識にさいなまれ、自分の心のうちに罪が宿っているのを見つけたと告白します。その罪意識はずっと付きまといました。それは正しいことを完ぺきに実行しなくては天国に決して入ることはできないという厳しい教えに驚愕し、そのようなことは自分にとって全く不可能であると思い悲嘆にくれたのです。この罪意識はやがて自殺願望にまで発展したといいます。非常に激しい良心の呵責《かしゃく》が起こりました。彼は正しい人と不正な人の違いはどこにあるのかということで思い悩み、自分のような者は、とても正しい人間にはなれないと煩もんしたのです。彼は必死に祈り続けました。そうするうちに、道徳的な完ぺきを目指せと厳しい言葉を投げつけてくる聖書がその一方で、厳格な神は、ただひたすら悔い改めの心を持つ者のそばにいてくれるのだという言葉に慰めを受けるようになりました。そして、心の弱い罪人だからこそ、神はさまよう者を救い出してくださるのだという信仰に導かれて、最終的に心の平安を得ることができました。

次の事例はアン・フィッチという主婦の信仰告白です。この人は幼いころから死の恐怖に取りつかれ、この恐怖心に打ち克つにはどうしたらよいのかと父親に相談したところ、信仰の篤い父は、神に祈り罪の赦《ゆる》しを得よと教えました。彼女は懸命に祈り続けるのですが、なかなか本心から神を信ずることができませんでした。彼女は両親に何度も相談するのですが、神の恩恵を信じなさいという単純な教えに対して、ますます一層心はかたくなになっていきました。そうした中で、父は病床に伏し、死の床でも信仰の大切さを説きました。この父の死は彼女に影響を与えました。なぜなら自分の罪のゆえに父は死んだのだと彼女は思うようになったからです。彼女は自分を激しく責めて、絶望のふちに追いやられました。彼女もまた病を得ました。苦しい病床で彼女は死と地獄の恐怖におびえるようになりました。それと同時に、自分は神を憎み、自分が正しいことに常に執着していることに気が付きました。この苦しみから解放してくれたのは、神自身が罪人のために苦難を背負い、罪人を救うためにこの世にやって来たという両親の信じた教えだったのです。この信仰は新鮮であり、慰めにもなりました。やっと彼女は心の平安を得ることができるようになりました。

以上がピューリタンたちのキリスト教信仰の諸相であります。このように見てみますと、ピューリタンたちは神の教えに接することによって、他者としての神の存在に目覚めるとともに、人によって違いはありますが、神から離れようとしたり、はたまた神自身や自分自身を激しく憎んだりして、内面的な苦悩に見舞われています。ピューリタンのキリスト教信仰は苦しみの宗教といっても過言ではないでしょう。自己の内面と神の存在とピューリタンたちは正面からぶつかり、とことんまで苦しみぬいたと言えるでしょう。彼らの精神的苦悩の物語の中には、凶悪犯罪がいやというほど頻発する現代社会において、しばしば話題になる人間の「心の闇」の問題が取り扱われているように思われます。私たちは、何か常にイライラしている自分、むしゃくしゃしている自分を容易に見いだせるのではないか。このいら立ちの原因は、社会のせいだとか、環境のせいだとかいうことも確かにいえるのでしょう。でも実のところ自分自身の心の奥底にある何か醜いもの、汚らしいものに対する嫌悪感、罪意識から由来しているのではないでしょうか。ピューリタンたちはこの正体不明のいら立ち、敵意、憎しみを、自己と他者だけではなく、超越的な他者である神に対してぶつけることができたのです。まさに神を憎み、神に対してほえかかり、この崇高な絶対者と激しく格闘することによって、彼らは自分の本当の姿を見いだすことができました。どんなに虚勢を張ったとしても、たかが知れているちっぽけで惨めな自分のありのままの姿を再発見することができました。その深い絶望のふちから、計り知れない神の愛を悟りました。一見すると、悪人を厳罰に処する恐ろしい神は、同時にそのような弱い者こそ哀れみ、養ってくださる方であったのです。罪人を赦す神は、それを信ずる者にありあまる恩恵をもたらしてくれるのです。そのような愛と哀れみの神を、ピューリタンの人々は、内面の苦悩を通じて再発見したのです。ですから、ピューリタンたちは、その愛によって生きることを決意することができました。生き返った人々たちは神とともに全力を尽くして人生を生き抜くことを決意したのです。

まだ科学技術も発展していない一七世紀の時代に、北米大陸に渡ったピューリタンたちはこのように熱心な信仰を持っていました。以前新聞に載っていた評論で、私がとても気に入っているものがあります。ノルベルト・ボッビオというイタリアの哲学者が現代文明を批評しているものです。『何よりも批判精神を　境界喪失に抑制必要』と表題がついているこの評論は、毎年、演習で新潟大学の新入生たちに読んでもらっています。その中で、ボッビオは次のようなことを述べています。

この世紀（二〇世紀）に起きた問題は、進歩の速度が速まっただけでなく、だれも止められなくなってしまったことです。立ち止まることも、戻ることもできない。近代以前の西洋では人間の行為には限界というものがありました。神や自然の神秘が存在し、人間はそこに足を踏み入れてはならないと考えられていたからです。ギリシャ神話では世界の果てにヘラクレスの柱があり、人間が超えてはならないとされていました。ダンテの神曲では、英雄ユリシーズは、その柱を超えようとした時に激しい嵐にあい、船もろとも深いふちにのみこまれてしまいます。二〇世紀の科学の進歩は、そうした人間にとっての境界や限界をすべて取り払ってしまったのです。

ではどうしたらよいのかというと、彼は次のように私たちに語りかけています。

人間のなかには天使と獣がいると私は考えています。だからこそ、教育によって抑制する力を育てることが大切なのです。時間はかかるけれど、若い時に芸術や精神的な価値を知ってもらう。忍耐は必要でも、それしか方法はないのです。

一七世紀のピューリタンについては、まさに中世のヨーロッパが終わりを告げた後に、近代の自由民主主義社会の到来を導いた人々として、研究者たちは評価しています。彼らの信仰は、古代や中世の人々と共有するものが多々あったのではないかと思います。彼らは中世から近代社会への橋渡しをした人々であると言えるのです。精神的内面については、ボッビオが言っているように、彼らは自分たちが超えてはならない境界線を、自分たちのとても苦しい心の経験によって、よく分かっていたと思うのです。内村鑑三という思想家の言葉を借りるとするならば、どうにもならない自分の罪意識によって枕元を涙でみたすような「魂の実験」というものです。特に彼ら、彼女たちは、自分の中に宿っている獣に気が付き激しく煩もんしたのです。人間として超えてはならない限界を知っていたという点においては、ピューリタンは中世と近代の過渡期にいた人々として理解されるのです。自分たちの自由な信仰、自由な礼拝を求めて、かつての中世世界の宗教的権威を否定して、新たな信仰を求めた人々は、幸か不幸か、逆に所与の権威から解き放たれて、個人意識に強く目覚めるようになってしまったのです。自分とは何者か、自分は何のために存在するのか、何のために生きているのか、それではどのように生きたらよいのか。こうした悩める一人一人の自由な魂が、めまぐるしく変転する人生と社会の大海原に放り出されてしまいました。結果として、人々は指導者から一般人にいたるまで、孤独な自分の心と向き合わなくてはならなくなりました。誰も人生の問題に答えてはくれない。自分でそれを探す以外にはない。とてもつらい心の旅路を強いられる自由な世界に投げ出されたのです。すべてを疑い、あらゆる権威に対して挑戦し、それをあざ笑い、また拒絶できる私たちは、逆に何を最終的な心のよりどころとして生きたらよいのかを問われ、途方に暮れてしまっている感があります。私たち現代人の苦悩はピューリタンの精神から始まると言えるのではないでしょうか。というのも、ピューリタンたちもイギリス国教会という伝統的な宗教権威を完全否定して、宗教の自由を追い求めたからです。その自由探求の代償は大きなものでした。新大陸への困難な旅になり、多くの人々がその途中で倒れましたし、また落ち着いた先の生活においても、一人一人の信者に苦しい回心体験を求めるようになったのです。このように考えるならば、この人たちは、中世の世界と現代社会の両者を橋渡しすることができる極めて重要な役割を持っている人々だと言えるでしょう。すなわち一七世紀のアメリカ大陸に息づいた小さな人々の群れが、現代社会に生きる孤独で不安な私たちと接点のある存在として浮かび上がってくるのです。

## 4　対インディアン戦争と預言者の嘆き

さて、ここで植民地社会にとって大きな出来事であったインディアンとの全面戦争について触れる必要があるでしょう。苦難の航海の末にたどり着いたプリマスでは、インディアンたちの助力によってどうにか厳しい冬を越し、この土地で生きていくための生活の知恵を教わりました。この土地にいた植民地建設当時はうまくいっていた先住民族インディアンとの関係は先にも少し触れましたが、植民地の発展と大陸での白人人口の増加に伴い、両者の間の雲行きは怪しくなり始めました。マサチューセッツ全体でもさまざまな部族がいて、お互いに反目しあい、戦争することも度々でした。こうした先住民部族間の複雑な利害関係も絡み合いながらついに白人たちとの間にも大きな戦争が起こりました。すでに一六三四年に好戦的なピーコット族とプリマスとの間に戦争が起きていましたが、植民地軍とほかの部族の連合軍は圧倒的武力により、戦闘で勝利を収めこの部族を全滅させました。まさにこの部族を消し去ったのです。ピーコット戦争の勝利は、ニューイングランドにおけるイギリス人移民の覇権の確立を意味しました。植民地軍に味方したほかのインディアンたちは白人の持つ優れた軍事力に恐れおののき、プリマスとの共存を望みました。

しかしながら、時代もさらに進むと情勢は変わり始めます。それはイギリスからの移民が増加するとともに、さまざまなことで先住民社会とのあつれきが生じてくるようになりました。異文化同士が接触するときにどうしても起こる文化摩擦です。例えばインディアンたちが戦闘の勝利の際に敵の頭の皮をはぐような風習は、西洋人にとっては野蛮極まりなく思えることでしたし、何よりもキリスト教を信じていない異教徒でした。ですから、ピューリタンたちはインディアンの言葉を学んで、キリスト教の伝道に努めました。有名な指導者であるジョン・コットンもそのようなインディアン伝道に従事しましたが、ジョン・エリオットという伝道者の活躍は非常に有名です。その熱心な活動のせいもあって、一六八五年までには千四百三十九人の改宗者ができて、各地に「インディアンの祈りの村」が出現したのです。エリオットのような伝道者の存在は、ピューリタニズムが非常に伝道の精神にあふれていることを示しています。インディアンのキリスト教への改宗は、西洋人の文化に同化させる試みであり、同化が進むのなら両者の文化摩擦を減らすのに役立ちますが、といってもすべての人が改宗したわけではないので、問題は依然として続きました。

ここで一人の男が登場します。その名はフィリップ王という英語の名前で呼ばれていたインディアンの首長です。彼の父はマサソイトといいワンパノアグ族の首長でした。この父はブラッドフォードの時代のプリマスとは常に友好関係を結んでいたのですが、子の世代になると事態は一変したのです。プリマス側もブラッドフォードは死去していて世代が代わり、指導者はヨシュア・ウィンスローになっていました。世代交代と状況の変化は両者の友好協力関係が冷却していくことを意味しました。最大の懸案は、やはり白人の人口増加による入植地の拡大が、インディアンの生活の場を脅かしていたということでしょう。

プリマスにおいても、この問題に対処するために双方とも努力していましたし、何とか戦争にならないように平和的解決を何度も試みましたが、相互の不信感は頂点に達して最終的には戦争になってしまいました。戦争直前に最後の調停工作を行ったクウェーカー教徒たちに、フィリップ王が述べた憤まんとは、土地の喪失、白人を殺した二人の友人の処刑、白人の羊が彼らのトウモロコシ畑を荒らすこと、白人の貿易商が彼らを酒の誘惑に陥れて、その結果仲間が酒におぼれてしまうことなどであったそうです。戦争はついに一六七五年六月に勃発しました。緒戦においてはフィリップ王側の奇襲攻撃などが功を奏し、有利な展開もありましたが、軍事力には圧倒的な差があり、またフィリップ王に敵対する部族の応援を得て、翌年には彼を戦死させ、戦争の大勢は決まりました。しかしまだニューイングランド北部で抵抗する者たちもおり、戦争遂行に疲れ果てた植民地側は、一六七八年に和平条約を結んで戦争は終結しました。最終的には約四千人のフィリップ軍を戦死させ勝利したとはいえ、植民地軍も兵力の十パーセントにあたる六百人以上ともいわれる戦死者を出し、十二の村が壊滅し、四十以上が打撃を受けて、植民地全体の資産を上回る戦費がかかりました。この戦争によって植民地社会は荒廃し、白人たちにも大きな痛手となりました。

なぜこのようなことになってしまったのか。悲惨な戦争を生んだ原因を探ることに懸命な人々もまたいました。インクリース・マザーという宗教指導者は、植民地社会内部での人々の生活が堕落したゆえに、神によって戦争という惨禍が下されたのだという説教を行いました。戦争直前に彼が行った『災いの日は近い』という説教は、人々への警告に満ちているのです。マザーの聖書解釈によれば、戦争と戦争の噂について聞くことは、困難な状況が迫ってきていることであり、それを生み出したのは、人々の信仰が薄れて生活が堕落したためである。彼は、ニューイングランドの植民地社会は、あまたの規律違反と強い罪にあふれるようになってしまったと嘆きます。具体的には、教会に通う信仰者であっても、その使う言葉や、立ち振る舞い、身なり、服装などが信仰のない世俗的な者たちと何ら変わらないようになってしまったこと。人々のなかに精神的なうぬぼれが見られること。これが服装などの外見に現れていること。このうぬぼれが高じて、家庭でも、教会でも、共同社会の中でも、下位の者が上位者にたてつくようになってしまったことをあげています。そして、社会の中に常に言い争いと反目が起こるようになった。なぜかというと、人々は教会の日曜礼拝という義務を果たさなくなり、神に祈ろうとすることもなくなったからである。ニューイングランド植民地の存在意義は、信仰中心の共同体であったはずなのに、世代が代わると神を忘れ去り、この当初の崇高な理想をかなぐり捨てて、世俗的欲望に惑わされるようになってしまった。これでは穢《けが》れた欲望から成立したそのほかの植民地と何ら変わることがない。戦争の災禍は神が堕落した選民にくだす審判なのである。このようにマザーは執政官をはじめとする当時の人々を厳しく糾弾したのです。

この説教は、まさにフィリップ王戦争直前になされたものです。彼は旧新約聖書全体からふんだんに言葉を引用し、神の審判の到来をいわば予言したわけです。そして戦争は白人側が勝利したとはいえ、植民地社会に大きな破壊と悲惨な体験をもたらしたために、マザーの鋭い時局の観察眼は多くの人々の心をひきつけました。これはピューリタンの説教の中でもよく「エレミヤの嘆き」と呼ばれる性格を持つものとして注目されるものです。エレミヤとは旧約聖書の中に登場してくる預言者と呼ばれる人で、古代イスラエルの王国の滅亡を予言した偉大な人物として記憶されています。預言者エレミヤは、神の選民であるはずのイスラエルが主である神を離れて、その戒めを破り、道徳的に堕落したために王国が滅亡することを王や民に対して預言しました。権力者にとっても民衆にとっても耳の痛い厳しい非難であったために、エレミヤは最終的に怒った同胞である民衆によって打ち殺されたとも言われている悲哀の預言者なのです。イスラエルもニューイングランドも神の選民としての使命を与えられたのに、今や平然と神との約束を破り、神を忘れて、醜い不品行にふけっている。マザーの説教は、「神との契約を破る」とか「偶像崇拝」といった言葉にもあふれていて古代の預言者の声と同じようなモチーフで貫かれているのです。しかし、風紀が乱れて堕落したとはいえ、まだ移民の第二世代は共通の心の慣習としての信仰を共有していました。ですから、マザーはエレミヤのような悲哀の殉教者になることはなく、この説教を通じて名声が高まり、晩年にいたるまで有力な精神的指導者として功績を残したのです。

この戦争の後も、ヨーロッパからイギリス系ばかりではなく多くの白人が続々とやってくるわけですが、それとともにインディアンは土地を追われ、不毛の土地に強制的に移住させられて、死滅しそうになります。インディアンの排除と黒人の奴隷制度は、アメリカ史における「原罪」、負の遺産として今後も議論は続いていくと思います。ある歴史家の言葉を借りるなら、あまりにも進み過ぎた文明を持つ人間と、古代からの生活スタイルを維持している人々が突然出会ったときにどうしても起こってしまう悲劇であったということです。もちろんこれは白人側の視点であり、抑圧された側からは厳しい批判が浴びせられると思います。しかしながら、ニューイングランドにおける白人と先住民との出会いがもたらした悲劇的な関係は、物質的に優れた文明が、武力を背景にして遅れた地域を強引に征服することが必ず起こってしまうことを示しています。その征服を宗教的な言葉で正当化しようとするとき、そこには欺まんという罪が胚胎《はいたい》することになるでしょう。ピューリタンたちもその例外ではありません。

## 5　現代に生きるピューリタンの精神

インディアンの排除と黒人の奴隷制度は、アメリカ大陸において近代文明社会を作り上げた白人たちの負の遺産といえます。しかしながらここではピューリタンを祖先とする白人がもたらしたいわば普遍的遺産としての自由と民主主義の理念について述べたいと思います。自由と民主主義の理念は、いまや全世界を覆いつつある指導的な政治思想であります。先ほどご紹介した、プリマスの植民地ではメイフラワー協定のころから、万人の平等を保障する現代の民主主義社会には及ばないものの、限定的な代表民主制の政治が行われていました。議会にあたる総会に参加できるフリーマン、自由人と日本語で訳される人々は、女性や奉公人などを除く二十一歳以上の成年男子に限られていました。自由人の総人口に占める割合は、それほど高くはなかったのですが、彼らの議論によって政治の運営が行われていました。この総会は一年に一回定期で行われていましたが、現在のような三権分立ではなく、行政府と司法部も兼ねていました。自由人は総督の選出や戦争の議決など重要事項に対して投票する権利を持っていますが、この権利を行使しない者には罰金が科されたそうです。この意味で彼らの有する自由とは、政治共同体の運営に責任を負い、それに主体的に関与するための特権であると理解できるでしょう。ここでの議論は彼らにとっては、民主政治の実践において極めて重要な意義を持つものでした。ピューリタンたちは、人間は神の前において罪人である以上、いかなる人間であっても、その人がどれほど卓越した有徳な者であっても必ず過ちを犯すものであるから、特権を持つ自由人たちが議論を尽くして共同体を正しい方向にかじ取りしていくことを心がけました。真理を独占する絶対的な支配者の存在を彼らは認めませんでした。このような彼らの政治観をセンス・オブ・ミーティングとも呼ぶことがあります。日本語では「会議の精神」、「集いの意識」などと訳されることもあります。不完全な人間には部分的にしか真理を認識できないので、とにかく衆議を尽くすことによってより正しい、全体的な真理に可能な限り接近していこうとする姿勢です。日本でもタウンミーティングという言葉がはやり始めましたが、もともとこの言葉はニューイングランドのピューリタン社会での政治のかたちであったわけです。

このピューリタンのキリスト教信仰に基づく政治観からすると、やがてそれは自由人の範囲が拡大されていくことを意味します。人間が神の前ではみな罪人であるとの思想は、罪を犯してしまう人間の弱さのゆえに、人間はみな神の前に平等なのだという認識を生み出します。そこには奉公人だろうが、女性だろうがみな等しく神の愛のもとにあるとの信仰が生まれます。未開人のインディアンも人間である以上等しく神は愛しているとの確信から、ジョン・エリオットは熱心に伝道したのです。参政権という政治的特権は、これらの人々には当初なかったのですが、精神的には人間はみな平等であると考えられていたのです。ここには人間の罪による平等という私たちにはなじみのない考え方が出てくるのです。ピューリタニズムはこうして近代の民主主義思想を背後で支えてきた宗教であると言えるのです。

完全な民主社会ではなかったこの時代に、すでに女性も公の場で自由に語ることが許されると考えた人がいました。アン・ハッチンソンという人です。彼女は女性であっても、真理の書、神の言葉である聖書を自由に学び、解釈してもよいのだという強い確信を持っていました。当時は神の言葉を人々に教える牧師の仕事は、しかるべき男性に限られていたので、このようなラジカルな主張をすることは許されませんでした。彼女はどうしても自分の良心に従って聖書を解釈し、その理解に基づいて自ら伝道したので、最終的には裁判にかけられ植民地社会から追放されてしまいました。そして、彼女は流浪の旅の途中でインディアンに襲撃され、非業の死を遂げます。ハッチンソンがどうしても譲らなかった理由は、罪人である自分と愛の交わりにある主なる神について、自由に語らないわけにはいかないという宗教的な情熱があったからです。このような神に向かう情熱をウィンスロップら同時代人は共有していました。

　私たちが民主主義の基盤である人間の平等について考えるとき、一七世紀のアメリカ植民地時代の歴史に即して理解を深めようとするならば、ピューリタンたちのキリスト教信仰の内容に踏み入る必要があるでしょう。人間の平等の背景には、当時の人たちの燃えるような宗教的情熱、すなわち、神と人間との愛の人格関係が存在しています。惨めな自分を愛の神が絶えず見守ってくださっているとのゆるぎない確信が、不確かな自分の存在を安定させて、強い自己意識を目覚めさせます。この強烈な自己意識は、良心に従いながら自分をとりまく他者との関係を築き上げていくのです。これは閉塞《へいそく》感の漂う現代の高度な産業文明社会では死語になりつつある使命感という言葉を思い出させるのです。宗教的情熱に満たされている人は、使命感を帯びた強烈な自己意識の人です。その使命感を突き動かすのは愛の人格関係なのです。ピューリタンのキリスト教信仰がもたらしたこの強い自己意識、それぞれの人々が自分の苦しい心の奥底で独自に体験した神との取っ組み合いが、積極的に自己主張する、あるいは自己表現する責任感ある個人を育て上げたのです。この内的体験の大切さをピューリタンたちはよく分かっていました。その点では、ハッチンソンもウィンスロップも共通認識があったのです。

アン・ハッチンソンの死は、決して無駄にはならなかったと思います。しばらく時代はたちますけれども、一九世紀になって、再びまた多くのアメリカ人女性たちの自己意識が燃え上がり、男女平等の気運が高まり女性参政権運動が沸き起こります。激しい闘争を経て一九二〇年になってやっとのことで彼女たちはその特権を獲得します。一九世紀に本当に優れた女性運動者たちが出現してきますが、彼女たちが一八四八年、ニューヨークのセネカ・フォールズで開催した女性会議においての宣言文の中で、はっきりとうたっていることがあります。それは女性参政権の要求とともに男性による宗教の独占を打破することです。

決議…女性は、腐敗した慣習や聖書の誤った適用によって定められた狭い領域にあまりにも長い間満足してきたが、今こそ、女性は偉大な創造主が女性に割り当てた広い領域へと進出すべきである。

所感宣言とも呼ばれるこの決議文は、イギリス本国との戦争の後で、一七七六年に発せられたアメリカ独立宣言の影響を受けたものです。創造主という言葉は、キリスト教の神というよりはもっと哲学的な理性の神を意味するものです。しかしながら、女性も神の言葉を取り次ぐ聖職者になることがどうしていけないのか、この領域にもっと勇んで進出するべきだと彼女たちは主張しているわけで、これはハッチンソンの精神的遺産を継承するものであることは確かです。

アメリカ合衆国の歴史を見たときに、ピューリタンのキリスト教信仰とそれと融合する形でもたらされた宗教の自由、近代の民主主義の政治思想は、アメリカ人の国民性を形成してきたものとして記憶されています。今日においてもその思想史は重要視されています。アメリカ人がよく口にする自由の理念は、アメリカ史においてはピルグリムズによって種をまかれたのです。

ピューリタンの歴史は必ずしも栄光の歴史ではありませんでした。異教徒であるインディアンを攻め滅ぼし、根絶しようとしましたし、歴史の皮肉というか、自分たちがまさに追求しようとしたはずの信仰の自由をさらに奥深く求めようとした女性を異端として追放しました。マサチューセッツ植民地に見られる神政政治とよく言われるその政治支配は、強権的で権威主義的な側面もあったことは否定できません。しかしながら、一七世紀という世界史の場面において、ピルグリムズという小さな人々の群れによって始められた近代市民的自由の萌芽は、やがてその自由人の範囲を拡大させていきます。そしてそれはこの国の運命を変えると同時に、二〇世紀において世界の民主化への激流となって歴史の進む方向を大きく変えていくことになっていくのです。アメリカは今後の歩みにおいてもどれほどその理想から逸脱しようとも、信仰の自由を核とする人権の擁護と開かれた言論に基づく公正な民主主義を求めて、その進路を定めながら前進するように運命付けられた国であり続けるでしょう。

## 参考文献


井門富士夫編『アメリカの宗教伝統と文化』（大明堂、1992年）

大木英夫『ピューリタン』（中央公論社、1990年）

大下尚一編『ピューリタニズムとアメリカ』（南雲堂、1987年）

大西直樹『ニューイングランドの宗教と社会』（彩流社、1997年）

斉藤眞『アメリカ革命史研究』（東京大学出版会、1992年）

宮脇俊文、高野一良編『アメリカの嘆き　米文学史のなかのピューリタニズム』（松柏社、1999年）

柳生望『アメリカ・ピューリタン研究』（日本基督教団出版局、1981年）

A.D.リンゼイ　永岡薫訳『民主主義の本質』（未来社、1990年）

David D. Hall ed.: *Puritans in the New World, A Critical Anthology* （Princeton: Princeton University Press, 2004）

Alan Heimert ed.: *The Puritans in America, A Narrative Anthology* （Cambridge, Mass. : Harvard University Press, 1987）

Samuel E. Morison: *The Story of the "Old Colony" of New Plymouth* （New York: Alfred A. Knopf, 1956）

Kenneth D. Wald: *Religion and Politics in the United States* （Lanham, Md.: Rowman & Littlefield, 2003）

Peter W. Williams: *Perspectives on American Religion and Culture* （Malden, Mass: Blackwell Publishers, 1999）

# 全体の結びにかえて

この本では、今日のアメリカ合衆国の始まりとなる一六〇六年からのヴァージニア植民と、一六二〇年から始まったニューイングランドの植民について、その性格が大きく異なることを見てきました。一方は商業的利益を上げるため、他方は理想の宗教の実践という、相反する動機を、この時代の歴史のドラマを生き抜いた人々の声に耳を傾けることによって垣間見てきました。

ヴァージニア植民は株式会社が行った植民でした。株式会社ですから利益が会社の第一の目的となり、会社への投資家も配当をあてにしていました。会社がヴァージニアへ送った人たちは貴族階級、犯罪者そしてほとんどは下層階級の人たちでした。当初、彼らが新大陸で夢見たものは「金」でした。彼らはヴァージニアに行けば無尽に金が取れると思っていたのです。犯罪者にとってはヴァージニアは再生の場でもありました。額に汗を流して働けばやがては土地を手に入れ、新たな人生を送ることも可能だったのです。

ヴァージニア植民は、さまざまな人にさまざまなチャンスを与えました。ほとんどの入植者は年期契約奉公人としてヴァージニアへ行きました。彼らは最長七年の契約で雇用者に仕え、年季明けには五〇エーカーの土地を手にすることができました。その後彼らの中には農工商の領域で成功を収め、大農園所有者になった人もいました。

ヴァージニア植民はその始めから宗教とは無関係な植民であると考えられますが、入植者が全く宗教に関係のない生活を送っていたのかいうとそうではありません。入植者は一日の仕事が終われば、簡単な祭壇の前で神に祈りをささげたと言われています。しかし、インディアンへのキリスト教布教に関しては確かな記録は残っていません。一六〇六年十二月にヴァージニアへ向かったスーザン・コンスタンス号にロバート・ハントという牧師がいました。彼がヴァージニアでどのような布教活動を行ったかについての記録は残念ながらありません。

またアレグザンダー・ホイッテカーという聖職者もヴァージニアへ行きました。彼はインディアンのキリスト教改宗に熱意を示し、現地から有名な説教「ヴァージニアからのよき便り」を本国に送っています。彼は説教でインディアンを「罪の僕、悪魔の奴隷」と書きましたが、また、インディアンを「アダムの息子」とも呼び、彼らもキリスト教徒になれると言いました。彼はジェームズタウンから北のヘンリコという地に住み、インディアンへのキリスト教布教活動に励みました。彼はポカホンタスというインディアンの首長の娘の教師で、彼女をキリスト教徒に改宗させることに成功しましたが、記録に残るのはポカホンタスくらいで、実際どれくらいのインディアンがキリスト教徒になったのかについての記録は残っていません。ポカホンタスはヴァージニア植民のキリスト教布教目的達成の格好の見本でもありました。

一六〇九年の特許状には一人の主教と七人の牧師の名前が記されています。また一六一二年の特許状には七人の牧師と一人の主席司祭が記されています。これらの事実がありながらもヴァージニアにおけるインディアンへのキリスト教普及は入植者にとっては二次的な問題でした。入植者の念頭にあったのはいかにしてヴァージニアで金を採掘するか、いかにして経済的成功を収めるかでした。初期の植民活動はインディアンとの対決状態が続き、生きるか死ぬかの瀬戸際に追いつめられていた日々でしたので、インディアンへのキリスト教普及どころではなかったのです。

ヴァージニア植民に比べればニューイングランド植民はその目的ははっきりしています。ニューイングランド入植者は宗教上の違いからイギリスを逃れてきたピューリタンであり、彼らの目的は聖書に記された「丘の上の町」を築くことにありました。真のキリスト教を信じ、その実践によって生きたいという情熱で固く結びつけられたピューリタンの植民は、その熱意においてヴァージニア植民の比ではありません。彼らピューリタンのニューイングランド植民の意図は文字通り異境の地における「神の国」建設でした。彼らの生活の最大のよりどころは「聖書」でした。そこに彼らは自らの思想や行動の指針を見つけていったのです。彼らは自らの自由意志により、自らの良心に基づき、神の声に忠実に服従していくことに身を投じたのです。

そしていかにして神との正しい関係を築き上げるかが彼らにとっては非常に重要な問題であったのです。このピューリタンの生き方は現在のアメリカを形成している個人主義、自由、それに民主主義の源ともなっています。その精神こそ人類の普遍的価値であるという強い確信がアメリカ人にはあります。

アメリカの建国は一六〇六年のヴァージニア植民から始まりました。十四年後ピューリタンによるニューイングランド植民も始まり、アメリカの建国の歴史は東海岸のヴァージニアとニューイングランドを中心として進んでいきます。ヴァージニア植民は一六二四年に王の特許を失い、王直属の領地となります。その後ヴァージニア植民は徐々に王の支配から脱却し、自らの手による植民の運営にあたります。彼らは現在のアメリカの議会政治の基礎となる代議制議会を作り、植民の自治を築き上げていきました。他方、ニューイングランド植民でピューリタンが訴え続けた自由と民主主義の理念は連綿と現代のアメリカに流れ続けています。このように考えると一七世紀初頭の二つのアメリカ植民は単なる四百年前の出来事にとどまらず、いろいろな面においてその影響を現代まで残しているのです。

■著者紹介


**高橋　正平**（たかはし・しょうへい）

1945年新潟県生まれ
東北大学大学院文学研究科修士課程修了
現在　新潟大学人文学部教授
主な業績　単著『科学研究費補助金（基盤研究C）研究成果報告書』（新潟大学、1994）
『科学研究費補助金（基盤研究C）研究成果報告書』（新潟大学、1995）
『科学研究費補助金（基盤研究C）研究成果報告書』（新潟大学、1998）

**高橋　康浩**（たかはし・やすひろ）

1965年東京都生まれ
慶應義塾大学大学院法学研究科博士課程修了
現在　新潟大学人文学部准教授
主な業績　単著「現代キリスト教の平和思想」『比較宗教思想研究』第6号（新潟大学現代社会文化研究科、2006年）
「現代アメリカにおけるキリスト教平和主義」『比較宗教思想研究』第5号（新潟大学現代社会文化研究科、2005年）
共訳　M.ウォルツァー『グローバルな市民社会に向かって』（日本評論社、2001年）



ブックレット新潟大学49　イギリスとアメリカ植民 —「黄金」と「キリスト教」—

2008年3月26日　初版第1刷発行

編　者——新潟大学大学院現代社会文化研究科
ブックレット新潟大学編集委員会

著　者——高橋　正平・高橋　康浩

発行者——徳永　健一

発行所——新潟日報事業社

〒951-8131　新潟市中央区白山浦2-645-54

TEL　025-233-2100　　FAX　025-230-1833

http://www.nnj-net.co.jp

印刷・製本——新高速印刷㈱




ISBN978-4-86132-272-3 C1322

## 「ブックレット新潟大学」刊行にあたって

新潟大学大学院現代社会文化研究科が「ブックレット新潟大学」の刊行を開始したのは、二〇〇二年のことでした。二一世紀に入って、まだ間もないときでした。誰しも、新しい世紀の行方にさまざまな期待や不安を感じていたことは事実でしょう。二〇世紀は、科学技術がめざましい発展を遂げた世紀だといわれています。われわれもその恩恵にあずかって、今日に至っています。同時に、最先端の科学や技術が戦争の道具となり、人類が築いてきたものを、瞬時に破壊する手段となりうる危険を味わったのも二〇世紀でした。

今世紀に、多様性を越えて相互に共生できる社会を、われわれは実現できるでしょうか。「共生」という言葉には、新鮮な響きがありました。時代を超えたメッセージが込められていたからです。普通に使われる言葉のひとつになりましたが、現実の世界を見渡せば、「共生」はまだ絵に描いた餅にすぎません。また、「グローバリゼーション」という響きのよい言葉も、日常的に使われるようになりました。現実はどうでしょうか。

かつて地上には、現代の「グローバリゼーション」に近似した世界が存在していました。ヘレニズム社会です。英語のように、ギリシア語が世界共通語として機能した時代です。ローマ世界もその遺産を受け継ぎました。人々が、世界スタンダードといえる基準に沿って生きることを、至上のことと考えた時代です。その流れに棹を差すかのように、アイデンティティの危機を感じ、伝統的な、固有の文化を維持すべきだとする原理主義が台頭したのも、この時代でした。このような時代であったからこそ、相互のバランスを求めるかのように、秩序や統治の原理、普遍的な法文化、魅力ある哲学や思想、宗教が生まれたのです。

グローバリゼーションが二一世紀の潮流だとしても、原理主義という過激な渦が発生しないという保証はありません。われわれに与えられた課題は、共生するシステムを構築するという責務です。新しい学問的成果が生まれる環境はそろっています。重い責務でありながらも、光明をもたらすような営みを続けたいと願う次第です。

二〇〇五年五月

新潟大学大学院現代社会文化研究科
研究科長　鈴　木　佳　秀